Danken – die Freude fe

„Kinder! Schaut euch um, wie schön es hier ist. Knipst schnell mit euren Augen, damit ihr euch dran erinnert!" – So hörte ich manchmal meine Frau rufen, als unsere Kinder noch klein waren. „Vergesst nicht die Schönheit und die Freude dieses Augenblicks!", so hätte sie auch sagen können. Oder: „Seid dankbar für das Glücksgefühl, das ihr jetzt erlebt!"

Dankbarkeit bedeutet, sich der Freude zu erinnern, sich ihrer bewusst zu werden und sie in Worte zu fassen. Gerade dann, wenn wir der Freude durch ein Dankeschön Ausdruck geben, geht sie umso kräftiger in die Welt unserer Erinnerungen ein – auch weil wir sie weitergesagt haben, mit einem Menschen oder mit Gott selbst geteilt haben. Im Aussprechen wird uns der Dank bewusst.

Das ist der tiefe Sinn, warum wir unseren Kindern beibringen, Danke zu sagen: Sie lernen, ihre Freude festzuhalten, indem sie sich bedanken. Indem wir alle uns die Mühe geben, darüber zu sprechen, die Freude im Dank zu formulieren, senken wir sie umso tiefer in unser Herz.

Die Freundlichkeit, mit der mein Gegenüber mich anstrahlt, anlächelt, weil er sich mitfreut, lässt den Dank zu einem sozialen Ereignis werden: Dank ist geteilte Freude.

1

Wir freuen uns am Dank gemeinsam, der Dankende und der Bedankte, und gehen zufrieden und von Freude erfüllt in unseren Tag. Ja, dankbare Menschen leben aus den Zisternen ihrer erlebten Freude.

Wenn wir Gott danken, wird der Dank zu einer besonderen Glaubenserfahrung – im persönlichen Gebet, im frohen Lied, im eingestimmten Psalmgebet: Wir reden zu Gott von Angesicht zu Angesicht. Ist der Gedanke so weit weg, dass sich auch Gott freut? – Doch, ich glaube, Gott freut sich mit. Gott genießt den Segen, der bei uns angekommen ist, den wir Menschen erfahren haben und den wir ihm mitteilen.

Danket dem Herrn

Und alles, was ihr tut
mit Worten oder mit Werken,
das tut alles im Namen
des Herrn Jesus
und dankt Gott, dem Vater,
durch ihn.

Kolosser 3,17

Euer Leben ist verdankt

Sagt euren Kindern,
dass euer Leben verdankt ist
dem Lebenswillen Gottes.
Sagt ihnen,
dass euer Mut geliehen war
von der Zuversicht Gottes.
Sagt ihnen,
dass eure Verzweiflung
geborgen war in der Gegenwart des Schöpfers.
Sagt ihnen,
dass wir auf den Schultern
unserer Mütter und Väter stehen.
Sagt ihnen,
dass ohne Kenntnis unserer Geschichte
und unserer Tradition eine menschliche
Zukunft nicht gebaut werden kann.
Sagt ihnen, dass wir ohne innere Heimat
keine Reisen unternehmen können,
denn wer nirgendwo zu Hause ist,
der kann auch keine Nachbarn haben.
Und sagt ihnen zu guter Letzt,
dass die stete Bereitschaft zum Aufbruch
die einzige Form ist,
die unsere Existenz zwischen Leben hier
und dem Leben dort wirklich ernst nimmt.

Johannes Rau

Ich will dir danken

Ich aber werde bleiben wie ein grünender Ölbaum
im Hause Gottes; ich verlasse mich auf Gottes Güte
immer und ewig.
Ich will dir danken ewiglich, denn du hast es getan.
Ich will harren auf deinen Namen vor deinen Heiligen,
denn du bist gütig.
Psalm 52,10-11

Du hast mich geträumt

Du hast mich geträumt, Gott,
wie ich den aufrechten Gang übe
und niederknien lerne,
schöner als ich jetzt bin,
glücklicher als ich mich traue,
freier als bei uns erlaubt.

Höre nicht auf,
mich zu träumen, Gott.
Ich will nicht aufhören,
mich zu erinnern,
dass ich dein Baum bin,
gepflanzt an den
Wasserbächen des Lebens.
Dorothee Sölle

Sei stark wie ein Baum

Sowohl im 52. Psalm als auch im Gedicht von Dorothee Sölle kommt der Baum als ein Bild gelingenden Lebens vor. Er ist auch ein Bild für gelingende Dankbarkeit.

Ganz unmittelbar erzählt uns dieses Bild, wie sehr die Gesundheit des Baumes davon abhängt, dass er Wasser durch die Wurzeln aus dem Boden gewinnt. Über den kräftigen Stamm bringt er die Nährstoffe bis in die Blätter und zu den Früchten der Baumkrone. Das grüne Leben des Baumes kann nur Früchte tragen, wenn der Strom von den „Wasserbächen des Lebens" nie abreißt. Wir können uns im Danken bewusst werden, wie die Früchte unseres Lebens entstanden sind, welche Quellen uns speisen, durch welche Wurzeln der Tradition uns geistige Anstöße zugeführt werden, welche Menschen uns bestärken mit ihrer Freundschaft und uns mit einem kräftigen Stamm ausstatten, welche Lebens- und Glaubensweisen unsere Krone vielgestaltig und weit machen wie die Krone des Baumes, der sich ausstreckt nach der Kraft der Sonne, die er auffängt und verwandelt in seine eigene Lebenskraft.

Die Sonne war schon immer ein Bild für Gottes Kraft und Segen. Die Quelle des Lebens ist sein Wort, wie es auf vielerlei Wegen immer wieder zu uns kommt: in der Bibel, im Lied, im Gottesdienst.

Nun danket alle Gott

Nun dan - ket al - le Gott mit Her - zen,
der gro - ße Din - ge tut an uns und

Mund und Hän - den,
al - len En - den, der uns von Mut - ter - leib

und Kin - des - bei - nen an un - zäh - lig

viel zu - gut bis hier - her hat ge - tan.

2. Der ewigreiche Gott / woll uns bei unserm Leben / ein immer fröhlich Herz / und edlen Frieden geben / und uns in seiner Gnad / erhalten fort und fort / und uns aus aller Not / erlösen hier und dort.

3. Lob, Ehr und Preis sei Gott / dem Vater und dem Sohne / und Gott dem Heilgen Geist / im höchsten Himmelsthrone, / ihm, dem dreiein'gen Gott, / wie es im Anfang war / und ist und bleiben wird / so jetzt und immerdar.

EG 321; Text und Melodie: Martin Rinckart (um 1630) 1636

Künstler der Freude

„Lieber Gott, ich bin hundert. Ich schlafe viel, aber ich fühle mich wohl. Ich habe versucht zu erklären, was das Leben für ein komisches Geschenk ist. Am Anfang überschätzt man es, man findet es kümmerlich, zu kurz, am liebsten würde man es wegschmeißen. Am Ende wird einem klar, dass es gar kein Geschenk ist, sondern nur geliehen. Also versucht man, es sich zu verdienen. Ich, der ich hundert Jahre alt bin, ich weiß, wovon ich rede. Je älter man wird, desto mehr Findigkeit muss man entwickeln, damit man das Leben zu schätzen weiß. Man muss feinfühliger werden, ein Künstler. Jeder hergelaufene Dummkopf kann das Leben mit zehn oder zwanzig genießen, aber um es mit hundert noch zu schätzen, wenn man sich nicht mehr rühren kann, muss man seinen Verstand benutzen."

Nach Eric-Emmanuel Schmitt

Dieses Gebet spricht große dankbare Lebensweisheit aus. Ein dankbarer Mensch ist ein Künstler der Freude. Er lernt die Kunst, die Artistik, mit den Höhen und Tiefen des Lebens umzugehen.

Mancher junge Mensch meint, das Glück des Lebens bestünde darin, von Erfolg zu Erfolg und von Glück zu Glück zu eilen, das Leben nur zu genießen!

Doch der ältere Mensch, der so viele Rückschläge, Krankheiten, manche Schwäche erleben musste, weiß:

Das Scheitern stellt nicht die ganze Lebenskraft und alles Glück in Frage. Er lernt, in der Balance zwischen Glück und Unglück, zwischen Macht und Ohnmacht, zwischen Freude und Leid das Danken zu lernen, das den Sinn des Lebens stiftet.

Im Erzählen der eigenen Lebensgeschichte spart er die dunklen Seiten des Scheiterns nicht aus, sie gehören dazu. Doch hört er aus seiner Lebensgeschichte die freudigen und tragenden Geschichten heraus, die sozusagen zum Rückgrat des Lebens geworden sind. Diese schönen Erinnerungen stiften den Sinn, der die schweren Seiten ertragen lässt, die Balance herstellt und darüber hinaus im Dank das Glück bewusst macht.

Der Verstand kennt die Orte im Leben, die Kraft geben. Und er hält klug und hartnäckig an diesen Erinnerungen und Geschichten fest. Manchmal ist es freilich auch mühsam, an den Sternstunden des Lebens festzuhalten. Doch der an Weisheit gereifte Mensch schätzt die Anstrengung, das Beharren auf dem Bewährten.

Die Erinnerung bewahrt das Glück im Gedächtnis, und im Danken erwacht es zu neuem Leben. Längst Vergangenes lässt uns lachen, Glück und Freude empfinden.

Eine Spur des Glücks durchzieht den Alltag, der auch von Einschränkung und Schmerz geprägt ist. Durch die Gabe dieser besonderen Erinnerungskraft des Dankens schöpfen wir auch im hohen Alter aus den frühen Quellen der Kindheit und Jugend, aus den Quellen des Glaubens und Vertrauens.

Verwandle uns

Wir danken dir,
du Schöpfer der Welt und unseres Lebens,
für alle Kreatur um uns her und bekennen dir,
dass wir sie nicht dankbar pflegen, sondern uns benehmen, als gehörte uns das alles als unser Besitz,
mit dem wir machen können, was wir wollen.
Lass uns das bereuen und mache uns aus bösen Herren
und Zerstörern deiner Schöpfung
zu ihrem Helfer und demütigen Mitgeschöpf.
Wir danken dir,
unserem Bruder Jesus Christus,
dass du so solidarisch mit uns geworden bist
und Gottes Vergebung zu uns gebracht hast.
Wir haben deinen Namen vielfach missbraucht
und ihm Schande gemacht unter den Menschen.
Vergib uns das und hilf uns,
dass wir dir in Zukunft mehr Ehre machen.
Heiliger Geist, du Lebensspender,
wir haben dich oft betrübt
und uns gegen dich verschlossen.
Vergib uns das und lasse nicht ab, unsere steinernen
Herzen in lebendige Herzen umzuwandeln
zu Glauben und Liebe!
Herr, erbarme dich unser!

Helmut Gollwitzer

Aus Dank entsteht neue Kraft

Sobald wir Dankbarkeit in uns spüren, wächst neues Vertrauen ineinander unter Menschen und neues Vertrauen auch in Gott. Ich spüre, dass Gott das Gelingen meines Lebens möchte. Ja, ich werde mir dessen ganz bewusst.

Dieses Vertrauen lässt einen neuen Sinn für Wahrhaftigkeit entstehen, auch die dunklen Seiten meines Lebens im Licht der Wahrheit anzuschauen. Ich weiß: Ich soll nicht im Dunkeln stehen bleiben. „Vergib!", ist die erlösende Bitte, die entlastet, die neu werden lässt. Das steinerne Herz wird endlich wieder lebendig und spürt Freude.

Danket dem Herrn mit Harfen;
lobsinget ihm zum Psalter von zehn Saiten!
Singet ihm ein neues Lied;
spielt schön auf den Saiten mit fröhlichem Schall!
Denn des Herrn Wort ist wahrhaftig,
und was er zusagt, das hält er gewiss.

Psalm 33,2-4

Ein neuer Dankpsalm

Ich bin vergnügt
Erlöst
Befreit
Gott nahm in seine Hände

Meine Zeit
Mein Fühlen Denken
Hören Sagen
Mein Triumphieren
Und Verzagen
Das Elend und die Zärtlichkeit

Was macht dass ich so fröhlich bin
In meinem kleinen Reich
Ich sing und tanze her und hin
Vom Kindbett bis zur Leich

Was macht dass ich so furchtlos bin
An vielen dunklen Tagen
Es kommt ein Geist in meinen Sinn
Will mich durchs Leben tragen

Was macht dass ich so unbeschwert
Und mich kein Trübsal hält
Weil mich mein Gott das Lachen lehrt
Wohlüber alle Welt

Hanns Dieter Hüsch

Gebet

Himmlischer Vater,
ich freue mich über meinen Festtag.
Wie viele Erinnerungen hast du mir
auf den Weg mitgegeben! Wie viel Lachen,
wie viel Freude, wie viel Kraft, wie viel Glück!
Gerne erinnere ich mich daran.

Jahr um Jahr und Tag um Tag hast du mich getragen.
Es gab Tage, an denen ich dich so nah bei mir
gespürt habe. Es gab auch Tage, an denen
es mir schlecht ging und ich dich nicht spürte;
ich musste mir sagen lassen, dass du mich begleitest.
Vater, ich will dir für das Gute und das Schlechte
danken, das ich erlebt habe.
Ich will deinen Segen an allen Tagen festhalten
und in meinem Herzen bewahren.

Ich danke dir für die Zeit, die du mir geschenkt hast.
Ich danke dir für die Menschen, die du mir
zu Wegbegleitern gegeben hast.

Du willst mein Begleiter und Bewahrer sein.
Dir vertraue ich meinen Lebensweg an.

Amen.